슬픈 기억은 모서리를 가졌다

슬픈 기억은 모서리를 가졌다

권수진 시집

불휘미디어

시인의 말

아직 세상에 잘 알려지지 않은

조르주 뒤메질이라는

철학자가 있다

2025년 가을
권수진

차례

5   시인의 말

109   해설 슬픈 모서리를 가진, 긍휼한 시

제1부

12   천민자본주의

13   비누의 자세

15   파놉티콘

16   너라는 변수

18   테트라포드

20   설록차

22   이면의 슬픔

24   2331년 13월 32일

26   여리고

28   오리

29   21세기의 사바나

31   그러나

33   고추잠자리

제2부

36 2등은 기억되지 않는다
37 근묵자흑近墨者黑
39 각촉부시
41 광음여전光陰如箭
43 구두의 품성
45 회맞이
47 아차산 해맞이 광장
49 사마귀
50 그릇
52 적서積書 혹은 적서嫡庶
53 영겁회귀
55 라떼들
57 슬로시티

제3부

60 카르페디엠
62 치킨게임
64 모서리
66 검토되지 않은 삶은 살만한 가치가 없다
67 마천루의 저주
69 면경面鏡
70 벚꽃 질 무렵
71 수묵담채화
72 시소
74 싱크홀
76 마을버스
78 불혹
80 문경생태미로공원에서

제4부

84 비무장지대
86 우봉마을의 추억
87 삼각주
89 괭이바다
91 복어
93 경남의 힘이 되어준 너에게
95 종이비행기
97 적폐청산
99 할머니와 파로호
101 꽃게
103 고드름
105 갑진내란
107 가까운 오지

제1부

천민자본주의

세상에서 가장 존경받는 사람은
돈 많은 사람
세상에서 가장 인기 있는 사람은
돈 많은 사람
세상에서 가장 결혼하고 싶은 상대는
돈 많은 사람
세상에서 가장 영향력 있는 인물은
돈 많은 사람
앞으로 나의 장래 희망은
돈 많은 사람
세상에서 가장 가깝게 지내야 할 친구는
돈 많은 사람
세상에서 가장 멀리해야 할 부류는
가난한 사람

비누의 자세

더럽고 찌든 때 그득한 세상 속에서
항상
청결한 상태를 유지하는 일이다

매일 아침저녁으로 문지르며
향기로운 냄새를 발산하는 일이다

영원할 줄로만 알았던 아빠의 청춘
행복했던 날들은 순간일지니
우리는 날마다 사라지는 물거품이 될 것이다

아무 일도 없었던 것처럼
다시 그 시절로 돌아갈 수 있다면
변치 않는 믿음도
자주 확인해야만 하는 이유다

내 온몸 구석구석 남아 있는 땟자국을
씻고 또 씻는 수행의 길

다른 사람을 위해서
내가 점점 작아지는 일이다

세상 어느 곳이든 향기가 오래 머물도록
날마다 자신을 뒤돌아볼 일이다

파놉티콘

비좁은 원룸 안에서 죄수처럼 산다
한 달 치 생활비를 벌려고
매일 경기장에 나가서 죽기 살기로 싸운다
경쟁에서 도태된 자는
수도가 끊기고 전기가 끊기고
밥을 굶어야 한다
행여 세상에 불평불만을 품고
규칙에 어긋난 행동이라도 하는 날이면
가혹한 처벌이 뒤따른다
서로 감시하는 CCTV가 도처에 깔려 있어서
속이고 싶어도 속일 수 없다
전신거울 앞에 나체로 서 있는 것처럼
사생활이 전부 노출된 사회
권력이나 돈이 없으면
자유도 마음껏 누릴 수 없다
구속에서 벗어나려고 발버둥 칠수록
수감 세월만 점점 길어지는
오늘도 경기장에서 죽다가 살아났다

너라는 변수

이른 아침
모닝커피 한잔을 마시는 삶의 여유가

머나먼 이국
에티오피아인들의 눈물이 아니기를 바랬다

새벽 첫차에 몸을 싣고
작업복 차림으로 졸고 있는 한 청년이
비정규직 노동자가 아니기를 바랬다

손님 끊긴 점포에 앉아
멍하니 하늘만 쳐다보는 가게 주인의
근심 어린 저 표정이
폐업 때문만이 아니기를 바랬다

택배기사나 택시 운전기사나
과로사로 쓰러지는 일은 없기를 바랬다

조물주 위에 건물주가 없기를 바랬다

부자들이 존경받는 사회가 되기를 바랬다
적어도 의식주 문제는
스스로 해결되는 세상을 바랬다

호시탐탐 기회만 엿보는 자보다
성실한 사람들이 정당한 대우를 받는
그런 일은 일어나지 않았다

세상이 어떻게 돌아가든지
나 하나만 잘 살면 그만이지
당신의 불행이 나랑 무슨 상관이냐고
너도 곧 그럴 거라고 했다

테트라포드

여기까지가 끝인가 보오
더는 물러설 수 없는 땅끝에서
멍하니 바다만 바라보고 있소

내 마음 뒤엉킨 콘크리트 블록처럼
갈피를 못 잡고
한참을 그 자리에 머물고 있소

장사에도 마지노선이란 게 있는데
우리 둘 사이에는
계산이 전혀 없었나 보오

어디서부터 선을 긋고 살아야 할지 몰라
거친 파도를
그냥 온몸으로 부딪치고 있소

당신과 나 사이
포말을 일으키며 파도가 부서지고 있소

먼 훗날 서로의 경계를
허물없이 넘실대는
그날이 오기를 간절히 바라고 있소

다 부질없는 짓인 줄 알면서
이를 꽉 물고
하루하루를 버티는 건
지난날 맹세했던
지키지 못한 약속들이 너무 많아
그런가 보오

행여 누가 안부를 묻거든
바다를 대신해서
망부석이 되었다고 전해주오

설록차

사람이 어쩜 그리도 차가울 수 있는지
우리 마주 앉은 그 찻집에서
너는 말했지
다시 처음으로 돌아갈 수 없다고

창밖에는 슷눈 내리고
주전자에 물이 팔팔 끓는 동안
그럴 수밖에 없는 거라면
그렇게 하라고 했지

폭설 주의보가 내려진 마을에는
간밤에 길이 끊기고
영하의 날씨 속에 눈 덮인 녹차밭을
신기한 눈으로 쳐다보네

흩어진 눈발이 광휘로 휘날리던
어느 추운 겨울날
따뜻한 차 한잔을 마시며
가만히 눈 감으면

서서히 젖어 드는 아련한 추억

뜨거운 열기로 가득한 다완을 어루만지며
손끝으로 전해지는 온기를 느낀다
아, 십이월의 밤은 참 길기도 하여라

설원에 쌓인 눈이 녹으면
함께 걷자던 지리산 둘레길 저편에서
나는 말했지
처음부터 다시 시작하자고

식은 찻잔 속을 맴도는 그윽한 향기
코끝에 스칠 때마다 문득
너의 안부가 궁금하기도 했지

이면의 슬픔*

당신이 낮이라면 저는 밤입니다
당신이 아침에 뜨는 해라면
저는 저녁달입니다

뽐내고 싶은 자랑들 이면에는
숨기고 싶은 부끄러운 일들이 있습니다

당신이 양반 가문의 지주라면
저는 머슴입니다
당신이 적자라면 저는 서얼입니다

신이 아닌 이상 모든 인간은
완벽해질 수 없겠지요

살다가 보니 오래오래 기억되는 일보다
기억 속에서 얼른 지워버리고 싶은
그런 일들만 자꾸 쌓여갑니다

보는 것만으로도 즐거움을 주는

사람들이 있는가 하면
보는 것 자체가 고통인 사람들이 있습니다

그러나 저를 너무 미워하진 마세요
알곡이 여문 곳에는
쭉정이도 같이 자라나는 법이니

자신의 약점마저 감싸 안을 수 있는
너그러운 마음으로
악양면 너른 들판을 품어주세요

*소설 『토지』 속 김환(구천)의 생애

2331년 13월 32일

혹자는 종말을 예언하고
더러는 기적을 예기하고

그리고 아무 일도 일어나지 않았다

일 년에 단 한 번 맞이하는
생일상을 차렸고
미역국에 홍합 대신 소고기를 넣었다

교도소를 닮아 있은 원룸 안에서
콩밥을 꾸역꾸역 먹는 동안

창가에 햇빛이 쏟아지고
벽이 무너지고
그 누구도 초인종을 누르지 않았다

적막감이 맴도는 일요일이었고
나른한 오후였다

뒤뜰에는 백 년 만에 소철꽃이 피었으나
하루살이는 하루를 넘기지 못했다

천년이 흘러도 새순이 돋아나는
오동나무 가지를 꺾어
관을 짜기 시작했다

사전에 없는 단어를 사전에서 찾았다
옥편에 없는 한자가 쏟아져 나왔다

무료한 달력을 찢어
날짜를 보니
2331년 13월 32일이었다

어리고

견고한 벽돌로 쌓아 올린 성벽 안에서
전지전능한 신의 가호를 받으며 산다
날마다 감사의 기도를 드리며
화평한 일상을 영위하고 있다
기도가 간절할수록 천국에 가까워
현실에서 염원하는 바가 모두 실현된다
성 밖으로 쫓겨난 사람들은
사는 게 전쟁 같아서
전신갑주로 무장한 하루를 버티며 산다
일용할 양식을 얻기 위해
땡볕 아래 종신토록 땅을 파고
주말마다 꼬박꼬박 헌금을 갖다 바쳐도
면죄부를 구할 방법이 없다
오직 조물주에게 선택받은 족속만이
지상의 모든 권세와 영광을 누렸고
나머지는 고통 속에서
혹독한 원죄의 대가를 치러야 한다
완고하게 건축된 저 성벽을 무너뜨리기 위해
이방인들은 바벨탑을 쌓으며

다양한 방식으로 공격을 시도했으나
분노한 신의 저주로 말미암아
모두 수포로 돌아갔다
무수한 사람들이 고초를 겪으며
소중한 목숨을 잃었지만
세상은 변하지 않았다
세월이 흐를수록 성은 더욱 견고해져서
영원한 안식처가 되었다
그럴수록 믿음의 자식들은 더욱 신을 경배하며
찬양하는 횟수가 잦았고
성 밖으로 추방된 바깥사람들은
우상을 숭배하기 시작했다

오리

머리 위에 얹은 짐이 무거울수록
보폭은 짧아졌다
남보다 항상 발걸음이 느렸다
어떤 날은 머리에 진 짐을 내려줄 사람이 없어
십리 길을 쉬지 않고
그냥 걸어간 적도 있다
왜소한 체구에 어디서 그런 힘이 나는지
태산을 몇 고비나 넘었다
그녀 뒤를 졸졸 뒤따르며 걷다 보면
험난한 세상
든든한 바람막이 같았다
그런 그녀가 어느 날 갑자기 쓰러졌다
누군가의 부축이 필요했다
자식들 앞에서 오리발 내밀며
늘 괜찮다고 말하는 오리 한 마리
뒤뚱뒤뚱 걸음을 멈추고
강 건너 저편 둥둥 떠내려간다

21세기의 사바나

이 도심 속엔 한번 빠지면 헤어나올 수 없는
늪지대가 곳곳에 도사리고 있지

회색 빌딩 숲속은 울창하고
전철과 자동차는
치타처럼 빠른 속도로 질주하지

거대한 자본의 공룡 앞에 노출된 우리는
풀을 뜯을만한 목초지를 찾아서
날마다 깡충깡충 뛰어야지

휘황찬란한 네온사인 즐비한 거리
한 무리의 악어 떼가 제 영역 지키려는
패싸움이 종종 벌어지기도 하지

약육강식이 범람하는 둔치에 앉아
반짝이는 별빛을 바라보며
적자생존의 법칙을 스스로 터득하지

멀리서 보면 아주 평온해 보이는
저 푸른 초원 위에
몸담고 살아가는 사람들
자세히 들여다보면

피도 눈물도 없이 잔인하고
끔찍한 광경들을 자주 목격하지
인생이란 원래 그런 거지

그러나

세상을 향해 귀를 열면 내 주위에는 온통
그러나가 판을 친다

무언가를 해보려고 시도할 때마다
늘 내 발목을 붙잡는 그러나
그러나가 있는 곳엔 언제나 논쟁뿐이다

그러나, 넌 안 돼
그러나, 아마 힘들 거야
그러나, 이럴 수 있어

불타는 청춘에게 찬물을 끼얹는 그러나가
신중을 기하라고 말한다

그러나를 피해서 그러나가 없는 곳으로
잠시 여행을 가면 그곳엔 여지없이
또 다른 그러나가 있다

그러나가 그러나를 불러 술을 마신다

그러나를 앞에 두고 진지하게
그러나가 아닌 그러나를 말해보지만
그러나는 역시 그러나로 귀결된다

언제부턴가 케이크 자르기에 실패한 우리는
그러나에 의지한 채 살아간다

그래서도 아니고 그런데도 아니고
그러나만 남아서 그러나를 외치고 있다
비판만 있고 대안은 없는
이 세상엔 그러나가 너무 많다

고추잠자리

본래 내 것이 아니었다

너무 미루거나 너무 조급했다

손을 뻗으면 저 멀리 날아갔다

잡으려 해도 잡을 수 없는

여름 한철 뜨거운 사랑이었다

제2부

2등은 기억되지 않는다

고흐의 그림보다는 고갱의 그림을
모차르트보다는 안토니오 살리에리의 음악을
나폴레옹보다는 메테르니히의 정치를
이백보다는 두보의 시를
헤겔보다는 쇼펜하우어의 철학을
이세돌보다는 이창호의 바둑을
하이에크보다는 칼 폴라니의 경제를

문지, 창비, 문동보다는 초판 이후 절판된 시집들을
신춘문예 당선작보다는
최종심에서 거론되다가 떨어진 작품들을
각종 문학상을 휩쓸고
오랜 시간 두고두고 회자되는 시인들보다
아주 잠시 세상에 반짝 등장했다가
문단 밖으로 쓸쓸히 퇴장하는
무수한 시인들의 안위를 먼저 걱정하는
그런 날들이
내 머리 구석진 어딘가에서
문득 떠오르곤 했다

근묵자흑 近墨者黑

내가 아는 묵적墨翟은 평화를 사랑하였고
평소에 늘 근검절약하였고
약자의 편에서 그들을 대변하였다

종아리에 털이 날 겨를도 없이 뛰어다녔고
싸울 때 먼저 공격하지 않았고
피할 수 없는 싸움에는 방어만 했다

말보다는 행동이 먼저 앞서고
그에게 도움을 요청하는 사람들을 만나면
천릿길을 마다하지 않았다

예나 지금이나 고상한 학문을 숭상하며
기술을 천시하는 풍조 속에서
묵묵히 장인정신을 전수하며 살았다

피부색이 검다는 이유만으로 사람들은
그의 이마에 낙인을 찍었지만
공동체 생활에 신뢰를 저버리지 않았다

춘추전국시대처럼 혼란한 요즘 세상에
나 하나 잘살면 그만이지
먹물을 가까이할수록 흑심만 품고
눈앞의 현실이 깜깜하다

모든 사람을 차별 없이 사랑하자며
겸애兼愛를 설파하던
묵자墨子가 그립다

각축부시

귀법사 승방 문틈 사이로 시원한 바람이 분다
정좌해 앉은 선비들 어깨 너머
스멀스멀 긴장감 맴도는 방안
촛대 위 세워진 양초에 선을 긋고
뜻을 같이하는 사람들 한데 모여
제 이름 석 자 걸고 시를 수창(酬唱)하는
불타는 학구열, 촛불이 활활 타오른다
방 주위를 빼곡히 둘러앉은 사람들은 마치
어둠 속 불 밝히는 태양 같았다
풍전등화처럼 위태로운 시국을 걱정하거나
법고창신을 위한 대안을 제시하거나
저마다 청운의 부푼 꿈을 안고
마음껏 붓을 휘갈기는 생도들
진퇴의 절도와 장유의 서열이 분명하였으므로
몇 순배 술잔이 돌고 돌아도
흐트러진 자세를 보이진 않았다
예나 지금이나 부패한 관료들은 무고한
백성을 유린하고 능욕하며
온갖 사치와 낭비가 극에 달했으니

청렴과 검소함을 각자 몸에 새기고,
문장으로 온몸을 장식하여라.*
문장으로 부귀錦繡를 누리고,
덕행으로 공명珪璋을 이루어라.**
오직 출세를 목적으로 과거 시험에 매진하는
어리석은 자를 향한 훈계 귓가에 맴도는데
스승님 말씀 받들어 구재학당에는
숨은 인재가 끊이질 않고
청렴결백한 관료들로 울창한 숲을 이루니
강당 주변의 청명한 새소리 영원하여라

*계이자시에서 인용
**계이자시에서 인용

광음여전 光陰如箭

활시위를 벗어난 화살은 과녁을 향해
쏜살같이 내달리고 있었다

끝이 뾰족하였으므로
무엇이든 뚫을 수 있을 것만 같았다

세상의 가장자리에서 세상의 중심을 향해
표적을 겨냥한 화살촉

천천히 활시위를 당길 때마다
팽팽한 긴장감이 주위를 맴돌았다

우리네 인생은 화살 같아서
아무리 붙잡아도
세월은 우리를 기다려주지 않고

다만 허공을 나는 화살이
과녁을 관통할 때마다
얼마만의 점수로 평가되고 있었다

때로는 정곡을 찌르지 못하고 비껴가는
빗나간 화살처럼 자연을 벗 삼아
세상을 등지고 살기도 했다

내가 머물러야 할 곳은 여긴데
정해진 방향은 운명처럼
저 멀리 동심원을 그리며 날아가고 있었다

무서운 속도로 치닫는 세월 앞에서
내 인생은 과연 몇 점인가?

나와 아무런 상관없는 사람들이 웅성웅성
살아온 날들에 점수를 매기며
나를 평가하고 있었다

구두의 품성

부지런한 구두의 뒷굽은 바깥부터 닳았다
겉은 번지르르하지만
싸구려 구두는 시간이 지날수록
어떤 방식으로든 표가 났다

밑창 안쪽에 구멍이 뚫리거나
인조 가죽이 벗겨지거나
비가 오면 양말부터 젖기 시작했다

사람도 겪어 봐야 알 수 있는 것처럼
진열장에 전시된 구두는 모두
번쩍번쩍한 것들이어서
어느 것이 좋고 나쁜지 분간할 수 없었다

부유한 사람들은 품질이 중요했지만
가난한 사람들에게는
라벨에 붙은 가격이 중요했다

구두를 보는 안목이 커지는 동안

수많은 세월 구두를 버렸다

구두코와 밑창 사이가 벌어진 구두는 마치
매사에 불평만 늘어놓는
신입사원 같았다

불편한 구두를 구두 수선공에게 맡기면
구두를 수선하는 값으로
차라리 새 구두를 사라고 권했다

사람도 고쳐 쓰는 것이 아니라고
어디서 들은 것 같다

회맞이*

우리 동네 근처에 가게를 오픈한 친구 연락을 받고
축하한다는 메시지를 건넸으나
한 번도 그 가게를 찾아간 적 없었다

평소 이런저런 모임은 많았으나
화끈하게 한 방 쏘지 못하고
늘 얻어먹는 처지였기에
회를 먹지 못한다는 궁색한 핑계만 댔다

돈 걱정하지 말고 부담 없이 오라는 친구의 말을
여러 차례 들었으나 찾아가지 못했다
조만간 보자는 허언만을 남긴 채
늘 다음으로 미루고 미루다가
어느 날 폐업한다는 소식을 들었다

친구랍시고 모듬회 한 접시 팔아주지 못하고
셔터 문 굳게 닫힌 가게 앞에서
결국 그 친구를 만났다

야, 인마! 근처에 살면서 참 빨리도 찾아온다
매상을 올려달라는 것도 아니고
그냥 얼굴이나 한번 보자는 것인데

친구 사이 돈독한 인간관계를
이해타산에 익숙한 방식으로만 처신했던
내가 부끄럽다

*친구가 운영했던 횟집 이름

아차산 해맞이 광장

아차산성길 따라
만삭의 하늘이 산통을 겪는 동안
수많은 인파는 두 손 모아
간절히 기도하네

하늘로 치솟는 거대한 불덩이를 향해
저마다 소원을 빌면
녹음이 짙은 나무는 붉게 물들고
정상에서 부는 바람이
새로운 난생 신화를 받아 쓰네

가히 말로 표현할 수 없는
이 장엄한 광경을 두고
경이로운 시선으로 바라볼수록
가슴 벅찬 감동이 차오르네

무수한 사람들의 환호를 받으며
산고를 끝낸 눈 부신 햇살
영롱하게 반짝이는 밝은 미래가

파도처럼 밀려오네

더는 오를 수 없는 산 정상에서
어둡고 힘겨웠던 지난날 바람에 날리며
새로운 꿈에 부푼 사람들이
희망찬 새해를 맞이하네

사마귀

수컷은 암컷을 위해

목숨을 바쳐 사랑을 시도하고

암컷은 새끼를 위해

죽는 그 순간까지 산란을 시작하고

자연의 모든 섭리가 그러할진대

이런 광경을 목격한 사람들은

결혼을 전부 포기하고

출산도 거부하고

그릇

시를 쓴다는 말에
키득키득 비웃는 친구들이 있는가 하면
나조차 기억 못 하는 아주 먼 옛날
습작 시절 이야기를 꺼내며
응원하는 이들이 있다

전업 작가가 되었다는 말에
당장 뭐로 먹고살 거냐며
빈정대는 이들이 있는가 하면
가시밭길 초입에서
용기가 부족했던 자신의 과거를 고백하며
내 삶에 박수 치는 이들이 있다

직장 없이 글만 쓰며 산다고 하니
아예 사람 취급도 안 하며
그저 한량으로 쳐다보는 이들이 있는가 하면

어느 날 문득
취업전선으로 뛰어들었다는 소식을 듣고

그러면 시를 언제 쓰냐며
걱정부터 먼저 하는 이들이 있다

삼류 지방대 출신이라는 이유만으로
등단이 어떻고, 시집이 어떻고 따져가며
내가 발표한 작품 자체를 무시하는
이들이 있는가 하면
매우 정중하게 원고를 청탁하거나
몇 번의 거절에도 불구하고
공모전 심사를 맡기는 이들이 있다

똑같은 상황 속에서도
서로 다른 시선으로 한 사람을 바라보며
그 사람의 역량을 평가하는 것

나는 그게 그릇의 크기라고 본다

적서積書 혹은 적서嫡庶

아무개 시인의 집에는 매일 서너 권씩
시집을 보내주는 사람들이 있다
밀린 청탁에 특강에 신간 시집 준비로
보내준 시집을 읽어볼 겨를이 없다고 한다
봉투를 뜯지도 않은 채 차곡차곡
얇은 벽돌들이 방 한구석에 쌓여간다
이놈의 인기는 식을 줄 몰라서
천정부지로 천장까지 가닿은 시집들
어느 이름 모를 작가의 불철주야 노고가 쌓인다
세상엔 참 시인들이 많구나
쌓인 벽돌이 우르르 쏟아지면
아이들이 다칠까 봐 노심초사하는 아내를 위해
수레 한가득 벽돌을 싣고
분리수거장으로 향하는 ○○시인의 심정을
무명 작가들은 알기나 할까?
유붕이 자원방래하면 불역낙호아를 상상하며
배달되는 벽돌들이 쉬지 않고
○○시인의 담벼락에 차곡차곡 쌓인다

영겁회귀

1
어떤 의미는 긍휼처럼 다가왔다
무자비한 말들이 폭풍처럼 지나가고
기표에는 기의가 없었다
네 이름을 불러주기 전까지
쏟아지는 문장에만 각주를 달았다
명명된 진술이 명명백백한 진술
수식어가 따로 필요 없는
치명적인 단말마를 구사하고 싶었다
모든 서사가 그 속에 응축된
외연은 내연을 내포하고
내연은 외연을 서술한다

2
내연은 외연을 서술한다
외연은 내연을 내포하고
모든 서사가 그 속에 응축된
치명적인 단말마를 구사하고 싶었다
수식어가 따로 필요 없는

명명된 진술이 명명백백한 진술
쏟아지는 문장에만 각주를 달았다
네 이름을 불러주기 전까지
기표에는 기의가 없었다
무자비한 말들이 폭풍처럼 지나가고
어떤 의미는 긍휼처럼 다가왔다

라떼들

라떼는 무조건 조진다
일단 조지고 본다
나이로 조지고
학벌로 조지고
직책으로 조지고

그다음 라떼는 썰을 푼다
넌 내 밑이니까
깍듯하게 아랫사람의 예의를 갖춰
교장 선생님 훈시를
사단장님 지시 및 강조사항을
목사님 설교를 들어야지

라떼의 눈에는 보이는 게 참 많은데
눈에 거슬리는 것들을
알아서 척척 이심전심으로
해결해 줄 사람이 없다

라떼는 늘 고독하고 외롭고

표정이 어둡고 우울하고
그럴수록 말이 많아지는 이유를 모른다

눈과 입만 있으면
모든 문제를 해결할 수 있는
타고난 능력자인데
자신의 능력을 알아주는 이가 없다

라떼는 그래서 슬프다
라떼는 안 그랬는데
라떼는 말이야

슬로시티

지리산 병풍 삼아

잘 여문 알곡 찰랑대는 황금 들녘

십리벚꽃길 따라

섬진강 굽이치는

하동

제3부

카르페디엠

꽃다운 청춘 시절
꽃잎 떨어지면 인생 끝인 줄 알았는데
그때부터 나무는
열매를 맺기 시작하더라

벌레처럼 기어 다니는 순간들이 없었다면
나비처럼 훨훨 날아다니는
그런 날도 없을 거라고

새벽을 기다리는 사람들은
칠흑같이 어두운
기나긴 밤의 터널을 지나야겠지

벼랑 끝에 내몰려
죽기 일보 직전인 사람 앞에서
이런 공허한 말들이
다 무슨 소용이겠냐 만은

죽고 싶은 절정에서 사람들은

사실 잘 안 죽는다
아니 죽지 못한다고 해야 하나

정작 죽고 싶은 사람들은
아무런 예고 없이
아무도 모르게 마침표를 찍더라

그냥 한번 열심히 살아봐
하찮고 보잘것없는 미물조차도
우주의 섭리 안에서
존재 이유는 있는 법이니까

치킨게임

끼익- 급브레이크를 밟았다
무서운 속도가 검은 그림자와 정면으로 마주쳤다
더는 물러설 수 없는 도로 한복판
멧돼지와 승용차의 진검승부가 펼쳐진 것이다
적막한 어둠을 가르며 질주하는
헤드라이트 불빛을 향해
미친 듯이 내달리는 멧돼지 한 마리
날카로운 송곳니를 꽉- 깨물었다
두 눈을 부릅뜬 상대는 가히 위협적이었지만
멧돼지도 지켜야 할 자존심이 있었다
천적이 사라져버린 산속에서
제왕의 지위를 누리고 있던 그였으므로
두 눈을 질끈 감고
후각이 예민한 콧구멍을 쉭쉭- 거리며
죽음을 불사할 각오로 돌진했다
시속 100km 이상을 거뜬히 달릴 수 있는
상대가 지닌 힘의 원천은
심장이 아니라 엔진이라는 사실을
알 리 없는 멧돼지였다

잠시 후 찌그러진 보닛 사이로
긴 주둥이를 처박고 바닥에 쓰러져 있는
돼지 멱따는 소리가 천지를 진동했다
구제역에 걸린 가축들을 함몰시킬 때
매장된 땅속 깊은 곳에서
짠하게 울부짖던 바로 그 소리였다

모서리

나는 방입니다
사방이 책으로 둘러싸인
방안은 비좁은 편입니다
직사각형인지 정사각형인지 모를
네모난 공간에서 생활하고 있습니다
대각선으로 누워야만
머리가 벽에 닿지 않습니다
수감 중인 죄수처럼
닭장 속에서 죽을 날만 기다리는
매일 똑같은 일상이 반복되지만
생각만은 천상에서 노닙니다
방 하나의 추억과 방 하나의 사랑과 방 하나의 외로움이
방문을 여닫는 순간마다
들락날락하는데요
당신은 지금 네모난 그곳에서
어떤 꿈을 펼치고 있습니까?
평행사변형인지 마름모인지 모를
서너 평 남짓한 나의 원룸은
보증금 500만 원을 걸고

월세 40만 원을 주는 곳입니다
마음은 100평짜리 펜트하우스에 머물고 싶지만
한 번도 거주한 적 없는
5억짜리 신축 빌라를 믿습니다
10억짜리 아파트를 믿습니다
당신의 거처는 여전히 안녕하신지요?
초대받지 못한 집을 나서는 순간
쿵쿵거리는 천장을 바라봅니다
주거용 안방이 2개인지 3개인지
정확히 기억나지 않습니다

검토되지 않은 삶은 살만한 가치가 없다*

친구 셋이 길을 걷고 있었다

시인 중에는 등단을 어디서 했는지,
시집이 어디서 나왔는지 묻고 따지는 사람들이 있었다

현명한 사람은 타인의 장점을 닮으려고 애쓰고,
단점은 반면교사 삼아 자신을 수양했다

글 쓰는 사람들을 가려가며 사귀는 사람을 처음에는 멀리 했으나,
나중에 나는 저런 식으로 살지 말아야지 다짐했다

어떤 벗은 스스로 알아서 떨어져 나가고
그 빈자리를 다른 벗이 채우기 시작했다

그들은 모두 나의 스승이었다

*소크라테스의 명언

마천루의 저주

별빛이 흐르는 다리를 건너*
부자가 되고 싶으면 아파트를 사야 한다고
너도나도 청약저축에 가입했지

한평생 일만 하며 지내오신 우리 부모님
아끼고 저축하며 열심히 살면
든든한 노후가 보장되던 시절이었지

별다른 재테크 없이도 여문 알곡이 쌓이고
곳간에 차곡차곡 부를 축적하는
부동산 불패 신화가 믿음으로 자릴 잡았지

이젠 전국 어디를 가더라도
아파트로 시작해서 아파트로 끝나는
아파트 천국이 되어 버린 나라

멀쩡한 집을 부순 그 자리에
고층 건물이 들어설 때마다
일확천금 환상에 사람들은 잠 못 이루고

도처에 바벨탑을 세우기 시작했지

탑을 높이 쌓을수록 불안도 커졌지만
부동산 교주의 달콤한 속삭임에
빚내서 영혼까지 끌어모아
재개발 재건축 광풍에 올인했지

너의 불행이 곧 우리 모두의 불행이라는
저주는 그때부터 온 세상에 퍼져나갔지

*윤수일의 〈아파트〉 노래 가사

면경面鏡

당신의 습관을 닮아가는
내 모습을 온종일 비추고 있다
너의 일거수일투족을
똑같이 따라 하지 않으면
사랑이 깨질 것 같아
수시로 네 생각이 떠오르는 날이면
곁눈으로 조심스레 흘겨본다
반사된 거울 속에 비친
있는 모습 그대로의 네가 좋은데
나는 자꾸 뭔가를 꾸미고 있다
거울 앞에서 숨기고 싶은
비밀이 너무나 많다

벚꽃 질 무렵

꽃이 피고 꽃잎 떨어지는 과정을 이별이라 부른다
가로수 즐비한 거리 위로
시원을 알 수 없는 어디선가 바람 불면
치어를 산란하듯 허공에 흩날리는 꽃잎, 꽃잎들
비장하게 때로는 장렬하게
사랑하면 떠날 줄도 알아야 한다고
두 손 맞잡은 연인끼리 따스한 햇살 만끽하는 거리에서
내 마음은 차가운 한겨울이었네
일생에 단 한 번 세상에서 가장 화려한 모습으로
당신의 시선을 되돌릴 수 있다면
정녕 그럴 수만 있다면
눈발처럼 사라지는 찰나의 순간이어도 좋다
잠시 그대 곁에 머무는 동안에는
화창한 봄날이었으니

수묵담채화

완성되기 전까지는 몰랐어요
화선지에 스며든 붓이 걸어간 길을
붓끝에서 손끝으로 전해지던
당신의 당찬 필체를 기억하고 있습니다
천천히 때로는 가파르게 휙 돌아서는
붓 선의 재빠른 손놀림 어디쯤에서
당신은 사라지고 말았지요
당신을 찾느라 분주한 시간을 보내는 동안
허공 위에 휘영청 달이 뜨고
나는 어느새 기암절벽에 걸터앉은 신선이 되었네요
발아래 흐르는 강물 위로
나룻배 한 척이 지나가고 있습니다
노 젓는 어부는 지금 무슨 생각을 하고 있을까요?
설마 당신 생각에 머무는 건 아니겠지요
저 멀리 오막살이 집 한 채도 보입니다
자연에 묻혀 당신과 함께 그리고 싶었던
하늘과 바람과 꽃과 나비와 총총한 별들의 향연
살다 보니 여백이 더 많았네요

시소

내가 바닥을 치는 순간 당신은 하늘 높이 날아올랐지
당신이 나락으로 떨어질 때
내가 공중으로 치솟아 오른 것처럼

늘 서로의 균형점을 맞추려고
부단한 노력을 기울였는데
수평적 사이가 아니란 걸 알기까지
긴 시간이 필요하진 않았어

서로 얼굴 마주 보며 대면하는 일이 잦아질수록
항상 일정한 거리를 유지해야만 했지
농담을 주고받는 거리는 아니었어

때론 운명의 장난 같기도 했어
사람과 사람 사이
살면서 엎치락뒤치락해도
이렇게 엇갈린 경우는 없었으니까

해맑게 뛰어놀던 아이들 하나둘씩

모두 집으로 돌아가고
텅 빈 놀이터에서
너와 단둘이 남던 어느 날

어색한 기운이 주변을 맴도는데
무슨 말을 해야 할지
어떤 표정을 지어야 할지
혼자서 도저히 풀 수 없는 숙제 같았어

해 질 녘 기울어진 운동장 위에서
한쪽이 추락할수록
다른 쪽이 날개를 다는 이유를
아직 잘 모르고 살아

싱크홀

고요한 강물 위에
돌멩이 하나 던졌을 뿐인데
딱 돌멩이 크기만큼
파문이 일고
파문은 꼬리에 꼬리를 물고

결국
저 넓은 강 전체가 소용돌이친다

내 심장을 겨냥한
너라는 돌멩이가
이 도시 어딘가에서 파문이 일 때
주체할 수 없는
내 온몸 심하게 신열을 앓고

잠시, 우주의 중심축이 비틀거렸다

사람들은 저마다
자신이 감당해야 할 크기의 구멍이 있는가 보다

뻥 뚫린 구멍 사이로

측량할 수 없는 바람이 불고
꽃은 또 피고 지고

그대를 위해
쌓아 올린 공든 탑
밑도 끝도 없이 와르르 무너지는 건
한순간이었다

내 가슴 깊은 곳
아물 수 없는 상처가 되어

바람이 불 때마다
공명처럼 울리는 그대여

마을버스

버스는 항상
정해진 노선을 향해 달리고 있었다
무료한 일상을 반복하는
우리네 인생처럼

차창 밖으로 보이는 익숙한 풍경들이
어제가 다르고
오늘이 다른 것을 모르고
늘 똑같은 시선으로
늘 똑같은 생각으로
무료하게 세상을 바라보았다

버스가 정거장에 멈춰 설 때마다
으레 망자를 조문하고
축의금 몇 푼을 봉투에 넣고
조금 전까지 내 옆에 앉은 승객들이
언제 사라진 줄도 모른 채
정신없이 앞만 보며 달렸다

버스 안에 서 있는 사람들은 서로를 등지고 있어
누가 내리고 탔는지 관심도 없이
억지로 선잠을 청하거나
핸드폰을 만지작거리거나
행여 상대가 불편한 행동을 하는 날이면
자주 인상을 찌푸리기도 했다

저마다 동승한 사연은 달라도
똑같은 처지에 놓인 똑같은 사람들끼리
목적지가 같은 줄도 모른 채
종착역은 점점 가까워지고 있었다

그사이 수많은 인연을 만났고
또 헤어지기도 했다

불혹

더러는 결혼을 하고
더러는 이혼을 했다

더러는 자랑을 하고
더러는 후회를 했다

하루에 두 끼를 먹었다
음식을 줄여도 배가 튀어나왔다

아픈 상처는 잘 낫지 않고
약봉지가 늘어 갔다

보이지 않던 것을 보게 되는 눈을 가졌고
세상은 보기보다 유혹이 많다는 걸

유혹하는 것보다
유혹을 뿌리치는 힘이 중요하다는 걸
알기 시작했다

더러는 금주를 하고
더러는 금연을 했다

새로운 만남이 늘어날수록
불필요한 인간관계를 정리하기 시작했다

재혼을 원하는 사람이 있는가 하면
몇몇은 결혼을 후회했다

혼자 사는 방식에 익숙한 사람들이
각자의 견고한 벽을 쌓았다

새해에 비는 소원이 줄었고
정확한 나이가 몇인지
자주 헷갈렸다

가끔 만사를 제쳐두고 무작정
어디론가 떠나고 싶었다
영영 먼 곳으로 떠난 이도 있었다

문경생태미로공원에서

처음부터 길은 없었다
이 길이 맞다 싶으면
수천 갈래로 흩어지는 길
한 치 앞도 볼 수 없는 길 위에서
방황한 적 많았었다
막다른 골목에 봉착할 때면
가끔 당황하기도 했다
살다 보니 그랬다
동쪽인 줄 알았는데 서쪽이었고
남쪽으로 걸었는데
북쪽이었다
미궁 속에 빠진 생쥐처럼
출구를 찾기 위해
이리저리 궁리해보지만
길은 보이지 않고
왔던 길을 되돌아가기도 했다
매번 선택의 기로에서
시행착오를 반복하며 살아가는
우리네 인생길

본래 인생에는 정답이 없었다
지금껏 네가 걸어온 길
그 길이 바로
세상에서 가장 빠른 지름길이다

제4부

비무장지대

당신과 나 사이에
다가설 수 없는 철책선이 놓여 있습니다
보고 싶은 사람보다
고라니와 멧돼지를 더 많이 만납니다
부부싸움은 칼로 물 베기 같아서
우리 사이도 언제 그랬냐는 듯
화해의 악수를 청하지만
무심한 세월은 반세기가 훌쩍 흘러갔습니다
종전이 아니라 휴전이었나 봅니다
당신은 당신대로 나는 나대로
상처의 골이 깊었나 봅니다
상처 깊은 골짝에는 강이 흐르고
신록 무성한 저 들판에는
야생동물이 자유롭게 뛰어놉니다
저도 언젠가 그런 날이 오기를 꿈꾸어 봅니다
길이 아니면 가지 말라는
지뢰밭 사잇길로
북녘땅을 멍하니 바라보고 있습니다
인계철선처럼 뒤엉킨 역사를 바로잡고

오해의 실마리도 풀어야 하겠지요
언제쯤 굳게 닫힌 통문은 다시 열릴까요
오늘도 철마는 달리고 싶습니다

우봉마을의 추억

 고향 집 사립문 활짝 열면 동해의 애잔한 그리움이 파도처럼 밀려온다. 찢어진 그물을 깁던 아버지 거친 손에서 짙은 갯내음 난다. 낙조가 한 움큼 피를 쏟는 물때가 들면 윤슬이 황홀하게 빛나던 한적한 오후, 펄떡이는 돌고래처럼 동네방네 포구를 헤집고 다니던 싱싱한 유년이었다.

 해변을 텃밭 삼아 고동, 성게, 조가비를 먹고 자란 우리는 어느 날 철거 이주민이 되어 마을을 떠났다. 바닷가에서 고무튜브를 타며 함께 놀던 친구들의 얼굴도 희미해지고 모닥불 지펴놓고 밤새 부르던 흥겨운 노랫소리도 들리지 않았다.

 오늘도 장생포항에는 끼룩끼룩 갈매기 울음소리 그대로인데
 수평선 너머 그 시절 흔적들은 모두 사라지고
 공단 굴뚝에서 뿜어나오는 매캐한 연기 자욱한 하늘 위로
 뭉게구름 뿔뿔이 흩어지고 있었다

삼각주

역사는 그렇게 흘러갔다
잠잠하게 때로는 격렬하게
수면 위로 제모습을 드러내기보다는
수면 아래 고이 잠든 채
이름도 없이 빛도 없이
조용히 흐르는 강이 되었다

그 강에서 물을 먹고 자란 식물들이
봄마다 아름다운 꽃을 피웠다
누가 알아주지 않아도
스스로 피고 지는 세월을 반복했다

반만년 긴 세월 동안
꼬리에 꼬리를 물고 흘러온 역사
격랑의 물결이 요동칠 때마다
전쟁터에서 초개와 같이 목숨을 버리고
나라를 대신해서 국채를 보상하고
황금 보기를 돌같이 했다

모두 바람 앞에 등불처럼 흔들리는 나약한 존재였다
허나 그들은 알고 있었다
거센 바람이 불면 촛불은 이내 꺼지지만
여러 개의 촛불이 하나로 뭉치면
바람은 도리어 거대한 불길을 일으키는
강력한 원동력이 된다는 것을

여러 차례 국난을 넘길 때마다
강의 수심은 점점 깊어지고
바다와 만나는 지점에 터를 잡기 시작했다
역사는 그렇게 굽이굽이
흘러왔다는 것을

강은 말없이
온몸으로 보여주고 있었다

괭이바다*

마산만 앞바다에 둥둥 떠 있는
원인을 알 수 없는 정어리 떼죽음을 바라본다
죽음이 밀려온 자리에는
악취를 풍기며 사람들이 아우성치는데
70년 전에도 그런 일이 있었지
한반도 어느 지역보다 따뜻하고 평온했던
마산합포구 구산면 심리 산 24-1번지
이곳은 민족 반역자 따위에 관용을 베풀 수 없는 수몰현장
육군 특무대에 연행된 사람들이
무릎 꿇고, 눈을 가리고, 손발이 묶인 채
형장의 이슬로 사라진 쓸쓸한 바다
지정된 장소에서 사형을 집행하는 헌병대를 향해서
제발 살려달라고 애원하던
수감자들의 울부짖는 목소리 메아리친다
영문도 모른 채 바다로 끌려와서
활어처럼 파닥파닥 몸부림치는 지느러미
천천히 심연 속으로 가라앉는다
그런 날이면 야삼경 남 다 자는 고요한 밤
해안선 따라 밀려오는 파도 소리가

고양이 구슬픈 울음처럼 귓가를 맴도는데
오래전부터 청정해역으로 소문 난 괭이 앞바다
언제부턴가 이름 모를 물고기들이
해안가로 떠밀려오기 시작하고
고깃배 지나간 자리마다 생채기를 남긴 채
역사의 뒤란으로 황량한 바람만 분다

*국민보도연맹 사건에 연루된 수감자들을 수장시킨 장소

복어

거친 난바다에서 살아남으려면
과장된 허세가 필요했다
덩치를 최대한 크게 부풀려서
얕잡아보는 상대의 기를 눌러야만
함부로 시비를 걸지 않았다
집을 살 때는 대출한도를 늘려서
가능한 평수를 최대한 넓히고
최소 중형차 이상은 몰고 다녀야만
파도치는 풍랑에 맞서
자신이 원하는 방향으로 헤엄칠 수 있었다
옷을 입거나 밥을 먹을 때에도
명품으로 치장하는 기술이 필요했다
소문난 맛집에서 인증샷을 누르고
유명 로고가 박힌 옷을 걸치고
명품 가방 정도는 들고 다녀야만
무리에서 도태되지 않았다
이래도 저래도 안된다면
독기라도 품고 살아야 했다
험한 세상에 맞서 죽기 살기로 부딪치며

잔뜩 오른 독을 내뿜다 보면
혼자라도 건들만한 놈이 없었다
시류에 휩쓸려 무리를 이루며 살든,
나 홀로 떠돌며 살든,
맨정신으로 사는 세상은 아니었다

경남의 힘이 되어준 너에게

무학산자락 아래
아늑히 터를 잡은 학문의 전당
어둠 속에서 등불을 켜고
새벽별처럼 반짝이는
한마인들의 초롱초롱한 눈망울 곱다
가파른 계단을 오르며
저마다 가슴에 한 아름 희망을 품고
꿈을 향해 도약하는 힘찬 발걸음
오늘보다 나은 내일을 위해
당신이 쏟아부은 그 열정으로
세상은 붉은 태양처럼 뜨겁게 타오를 테니
때로는 깊은 수렁에 빠져
쉬이 펜을 꺾고 싶은 유혹도 많겠지만
함부로 무릎을 꿇지 마라
거센 바람이 불 때마다
우리가 항상 너의 등 뒤에서
든든한 배경이 되어줄 테니
쓰러질 때마다 툭툭 먼지를 털며
다시 일어서야만 하리

합포만 넘실대는 아득히 저 먼 곳
우리가 가야 할 길 아무리 멀고 험해도
진리, 자유, 창조를 위해
청춘을 불사르던 이곳에서
당신이 남긴 발자취는 영원하여라

종이비행기

새하얀 종이를 반으로 접으면
날개가 완성됩니다
반으로 접힌 종이를 다시 대각선으로 접으면
손잡이 발사체가 완성되고요
누나는 가난한 집안에서 태어나
꿈을 일찍 접었습니다
더 높은 곳으로 날기 위해
오늘을 잠시 접는 것 같았지요
나에게는 항상
비행 청소년이 되지 말라고 했습니다

내일을 위해서라면
접어두어야 할 것들이 참 많았지만
청춘을 헛되이 보내지 않은
젊은 날을 후회하진 않습니다
창문을 열면 산허리 걸터앉은 뭉게구름들
새들의 힘찬 날갯짓
나도 언젠가 저 푸른 창공을 높이 나는
밝은 미래를 꿈꾸고 있습니다

누나는 오늘도 비행기 안에서 하루를 보냅니다
마지막 승객이 탑승을 마치면
늘 불안한 비행에 가슴 졸인 적 많았지만
날마다 웃음을 잃지 않습니다
저마다 꿈을 향해 힘차게 도약하는
사람들이 있습니다
그들을 응원하는 마음을 담아
허공을 향해 완성된 비행기를 힘껏 날려봅니다
바람을 타고 훨훨 날아가는
가슴 고이 간직한 수많은 꿈들
저 멀리 희망의 나라로
구름을 가르며 비행운을 남긴 채
비행기가 이륙하고 있습니다

적폐청산

국정농단의 고비를 간신히 넘겼으나
눈앞의 고지는 산 넘어 산이로구나
들에는 신종 뉴트리아 쥐새끼들이 창궐하니
나라 곳간이 흐르는 계곡물처럼
해외 도피처로 쉴 새 없이 방출되는구나
초입부터 인사 청탁으로 가로막힌 구직난에
청년들은 벼랑 끝으로 내몰리고
협곡 아래 강물은 악취가 진동하는구나
전국 방방곡곡에 확산된 구제역으로
값싸고 질 좋은 수입산 쇠고기를 방목하니
지천에 핀 들꽃처럼 촛불이 환하구나
빚내서 집 사라는 정부의 부추김에
연일 고층 아파트가 험준한 산세를 이루어도
국민은 전세난에 허덕이는 신세구나
이 산에서 목청껏 소리쳐도 저 산에서 들리지 않는
의사소통되지 않는 깊은 골짜기 사이로
편파적인 언론방송만 메아리치는구나
서른의 언덕에서 마흔의 고개로 넘어가는 동안
앞만 보며 걸었으나 뒤돌아보지 못했으니

전과자도 국민을 대표하는 나라가 되었구나
온 세상 사람들이 다 알고 있는 사실조차도
정작 본인은 모른다고 시치미 떼는
다스가 누구 것인지 정말로 궁금하구나

할머니와 파로호

할머니 마음속에는 파로호가 묻혀 있다
옻칠 벗겨진 장롱문을 활짝 열면
잘 정리 정돈된 이불처럼
유월의 못다 한 이야기가 차곡차곡 쌓여있다

포탄이 빗발치는 포화 속으로
달콤한 신혼의 나날을 뒤로한 채
다시 돌아오마! 굳게 약속했던 할아버지
그 약속 지키지 못한 채
무표정한 얼굴의 영정사진만
밤하늘 별이 되어 호숫가에 일렁이고 있다

하루에도 수십 번씩 주인이 뒤바뀌던 용문산 전투
할머니 고운 손 뿌리치며
살아서 돌아오마! 그 맹세 어디 가고
참호 속에 가라앉은 꽃다운 청춘
풍선처럼 부풀어 오른 보자기 속 유품들만
장롱 안에 고이 잠들어 있다

옷걸이에 걸린 전투복이 허공에 흔들릴 때마다
소총을 꽉 움켜쥔 굵은 손가락
철모를 눌러 쓴 이마에 흐르는 땀방울
동족상잔의 비극이 요동치는
그날의 함성 생생하게 귓가에 맴도는데

영글지 못한 할아버지 꽃다운 청춘을 가슴에 묻고
거센 풍랑은 다시 잠잠해졌지만
장롱문을 열고 이부자리 펼칠 때마다
한평생 다 쓰고도 모자랄 할머니 이야기가
뜬 눈으로 밤새 출렁이고 있다

꽃게

출렁거리는 파도에 맞서
험난한 인생 살다 보니
가장 요긴한 물건은 집게였다

적과 싸우거나 먹잇감을 사냥하거나
포식자가 나를 공격할 때
오직 집게만이 언제나 내 편에서
생사를 넘나드는
동고동락을 같이했다

집게 하나만 있으면
무섭고 두려울 것이 아무것도 없었다
산만한 해일이 덮치고
거친 파고가 온 세상을 휩쓸어도
폭풍 속 소용돌이 한가운데
고요하고 평온한 휴식을 취할 수 있었다

상대를 한번 꽉 물면
절대로 놓지 않는 그 근성으로

움켜쥔 것들이 참 많았다
돈도 명예도 사랑도
모두 집게 때문에 얻게 된 결과였다

주위를 가만히 둘러보면
양손에 번쩍 집게를 든 사람들이
도심 곳곳에서 삐딱한 걸음으로
우르르 쏟아져 나오고 있었다

놓아야 할 때 놓지 못하고
끈질기게 물고 늘어지는 것만이
인생의 전부인 양
서로의 집게를 꽉 물고 있다

고드름

영하의 날씨를 견디는 처마 밑에서
송곳들이 자라고 있었다
뭐라도 뚫을 듯한 기세로 추위에 맞서
눈물을 뚝뚝 흘린 적 많았지만
인생의 봄날을 맞이하기 위해서는
추울수록 화려한 겨울을 피할 수 없었다
뾰족한 것들의 밤은 길었다
화로에 올려진 고구마 껍질을 벗기며
밤새도록 수다를 떠는 가족들
떨어지지 않으려고 안간힘을 쓰는 직장에서
올해도 어김없이 찬바람이 분다
이번 시험이 마지막이라는 각오로
아이는 악착같이 책상에 매달려 있다
저마다 고군분투하는 자세로
투명한 결빙이 일제히 창을 드는 거룩한 밤
비장한 결기로 휘날리는 새하얀 눈발
무언가를 붙잡고 간절하게 바라는 마음이
양철지붕 위에 소복이 쌓일 때
아침은 눈 부신 햇살로 반짝반짝 빛났다

때로는 수직 낙하하는 중력을 거슬러
악착같이 매달려 볼 필요가 있다
차가운 음지에서 양지를 향해
매일 희망의 끈을 놓지 않고 살아가는 사람들
주머니 속에 송곳 하나를 숨긴 채
허공에서 하루하루 근근이 버티고 있다
순결한 물방울도 송곳이 되어
당신의 허를 찌를 수 있다

갑진내란

겉은 멀쩡해도 속은 문드러져 있었다
모든 적은 내부에 숨어 있었다
궤도를 이탈한 기관차가 쉭쉭 거리며
폭주하는 속도를 멈추지 않았다
양의 탈을 쓴 늑대들의 반란
썩은 과일이 뒤섞인 상자 안에서
나라가 망해도 자신의 안위를 먼저 걱정하는
수박들이 우르르 쏟아져 나왔다
12월의 콘크리트 바닥은 여전히 차갑고
도심 한복판을 밀고 들어오는
장갑차를 온몸으로 막아서는 사람들을 보았고
밤마다 희미한 불씨를 살리며
성냥팔이 소녀 같은 아이들이 외쳤다
내란을 봄, 이게 나라냐
취했나 봄, 실패하면 반역
바이든 날리면 혁명 아닙니까
계엄을 개헌이라고 우기는 철면피들이
철없는 수장의 방패를 자처하며
국민 가슴에 기름을 붓고 있었다

권총을 손에 쥔 다섯 살짜리 꼬마를 등에 업고
지상으로 내려온 별들이 모여
날마다 만찬을 즐기며
롯데리아 햄버거를 우적우적 씹어 먹는 동안
국회 담장을 뛰어넘는 사람
무력에 굴하지 않고
총구 앞에서 정면으로 맞서는 사람
옷 벗을 각오로 당당하게
진실을 폭로하는 사람
풍전등화처럼 위태로운 민주주의를 위해
활활 타오르는 시민들이 있었다

가까운 오지

지금 그대 사랑은 반쪽
더 이상 서로에게 다가설 수 없는
민간인 출입 통제구역

녹슨 윤형 철조망 너머
저 멀리 대성동 마을이 보이고
판문점도 보이고
높푸른 하늘 위로 태극기 펄럭이는데

반나절이면 코 닿는 거리
가까이하기엔 너무 멀리 떨어진
북한의 기정동 마을

임진강은 남과 북을 잘도 흐르는데
우리 둘 사이 가로막힌
휴전선 155마일 지척의 거리가
너무나 멀다

해마다 봄이 오면 백학산에 진달래 피고

내년에 다시 만날 것을 기약하며
'돌아오지 않는 다리'를 건너간 당신

어느덧 무심한 세월은 흐르고 흘러
백발이 무성한 머리카락만
시린 바람에 휘날리고 있다

반세기 깊은 상처 철책선에 꽁꽁 묶인 채
그리운 서울은 여기에 있고
서러운 평양은 거기에 있다

| 해설 |

슬픈 모서리를 가진, 긍휼한 시

황종권 시인

 시는 말을 잘하는 게 아니라, 말을 건디는 데 있다. 말을 건디다는 것은 생이 가진 가장 뜨거운 진실에 닿는 일이며, 말로 증언할 수 없는 세계에 닿는 일이기도 하다. 진실을 목도하면서도 증언할 수 없는 말이라니. 시를 쓰는 행위는 그 자체로 모순이거나 영혼의 모서리를 얻는 일일지 모른다.
 권수진은 일찍이 시 쓰는 철학자라는 호칭을 얻었고, 철학자인 동시에 현재의 삶에 끊임없이 질문을 던지는 자였다. 모름지기 시인이 증명한 철학이란 답으로 가려진 세계에 질문을 찾는 일. 권수진 시인의 시는 그 자체로 생의 폐부를 찌르는 모서리였고, 상처받지 않고는 쓸 수 없는 천형을 가진 자였다. 이 시집이 우리에게 더욱 아프게 다가오는 까닭은 시인이 가진 슬픈 기억이 우리가 이미 살아냈지만, 다시금 살아가야 하는 "영겁회귀"의 모서리로 빛나고 있기 때문이다. 권수진에게 있어 시는 빛이 아니라 빛이 거느린 어둠을 보는 일이자. 절망의 편에서 사람의 눈동자를 끝까지 지켜보는 일로 보인다. 그 눈동자를 끝까지 바라보는 일을 나는 긍휼의 시선이라고 부르고 싶다.

> 2
> 내연은 외연을 서술한다
> 외연은 내연을 내포하고
> 모든 서사가 그 속에 응축된
> 치명적인 단말마를 구사하고 싶었다
> 수식어가 따로 필요 없는
> 명명된 진술이 명명백백한 진술
> 쏟아지는 문장에만 각주를 달았다
> 네 이름을 불러주기 전까지
> 기표에는 기의가 없었다
> 무자비한 말들이 폭풍처럼 지나가고
> 어떤 의미는 긍휼처럼 다가왔다
> 「영겁회귀」 중에서

일찍이 랭보는 시인을 안과 밖을 벗어난 '견자'라 칭했다. 랭보가 칭한 견자는 현실에 짓눌리지 않고 미지의 세계를 탐사하면서도 세계의 비밀을 꿰뚫겠다는 의지의 표상이다. 반면에 권수진이 표상하고 싶은 세계는 외연과 내연이 뒤엉켜 있는 '치명적인 단말마'의 세계이다. 무릇 시인이라 하면 단한 줄로 세계를 집약하거나 표상하기를 꿈꾼다. 모든 서사를 단 한 줄로 응축하고 싶은 게 시의 욕망이기 때문이다. 그러나 생은 단 한 줄로 단정할 수도 포섭할 수도 없는 '무자비한 말'의 세계이다. 그리하여 시인은 '쏟아지는 문장에만 각주'를 달뿐, 하나의 기호체계를 만들지 못한다. 기표에 깃들지 못하는 기의, 의미를 만들어 내지 못하는 진술, 일종의 카오스 상태라 볼 수 있다. 그렇다면 카오스 상태를 어떻게 벗어날 것인가. 시인은 "영겁회귀"라는 니체의 철학적 사유를 바탕으로 이 카오스 상태를 응시하면서 벗어나고자 한다. 아니, 견디고자 한다.

  니체가 말한 영겁회귀는 세계의 모든 사건은 일련의 순환을 통해 동일한 순서로 영원히 반복된다는 것이다. 이 사상에는 부정과 긍정의 결론이 있을 수 있다. 영원회귀는 모든 것이 정해져 있기에 모든 사고방식을 부정할 수 있다는 결론과 영원회귀(부조리) 속에 있을지라도 삶의 가치를 찾고 그 가치에 따르는 모든 것을 견디고 긍정하겠다는 결론이다. 권수진 시인의 결론은 후자로 읽히고, 도달할 수 있는 최고의 긍정 형식은 '네 이름'을 부르는 행위 즉, 시를 쓰는 행위다. 권수진에게 있어 시를 쓰는 행위는 긍휼한 의미를 남기는 일이며, 언약적 사랑을 실천하는 행위이다. 권수진이 천착한 긍휼의 의미는 단지 고통받는 자, 가난한 자, 외로운 자, 약자만을 불쌍히 여기는 마음이 아니다. 차라리 악한 자, 권력을 휘두르는 자, 돈과 명예에 찌든 자를 가여워하는 마음이다. 유독 이번 시집에는 사회의 어두운 이면이나, 인간의 추악함을 들추는 시가 많다. 그런데 비판적인 시선보다는 긍휼의 시선을 먼저 마주하게 한다.

> 멀쩡한 집을 부순 그 자리에
> 고층 건물이 들어설 때마다
> 일확천금 환상에 사람들은 잠 못 이루고
> 도처에 바벨탑을 세우기 시작했지
>
> 탑을 높이 쌓을수록 불안도 커졌지만
> 부동산 교주의 달콤한 속삭임에
> 빚내서 영혼까지 끌어모아
> 재개발 재건축 광풍에 올인했지
>
> 너의 불행이 곧 우리 모두의 불행이라는
> 저주는 그때부터 온 세상에 퍼져나갔지
> ―「마천루의 저주」중에서

마천루는 철저하게 자본주의의 산물이면서, 인간 탐욕의 상징물이다. 특히 우리나라의 아파트는 마천루가 가진 상징성을 가장 비극적으로 드러낸다고 할 수 있다. 아파트는 구조화된 계급의 언어이며, 신분의 높이이며, 일확천금의 신기

루이기 때문이다. 권수진 시인은 위의 시에서 천민자본주의로 추락한 아파트 신화를 지적하면서 우리가 진실로 불행한 이유를 묻는다. 비판의식에 함몰되면 목소리를 내세우는 시가 될 가능성이 많은데, 권수진 시인은 부동산이라는 거대 욕망에 휘둘릴 수밖에 없는 인간의 연약함을 그려낸다. 저주를 퍼붓는 시가 아니라, 저주의 출처를 밝혀냄으로써 긍휼한 마음을 지켜낸다. 시인이 지켜내고 싶은 건 불행에 대한 위로가 아니라, 불행에 대한 철저한 반성에서 기인하기 때문이다.

보통 창자가 끊어질 만큼의 슬픔을 함께할 때 긍휼한 마음이 깃든다고 생각한다. 그러나 권수진 시인이 말하는 긍휼은 창자가 끊어질 만큼의 반성이 있어야만 깃드는 마음이다. 철저한 반성 없이는 '불행이라는 저주'를 끝낼 수 없는 것이다. 시인은 빛으로 볼 수 없는 어둠의 세계를 긍휼한 시선으로 바라봄으로써 우리에게 반성을 촉구한다. 이 지점에서 시인이 가진 '슬픈 모서리'를 만날 수 있다.

> 당신은 지금 네모난 그곳에서
> 어떤 꿈을 펼치고 있습니까?
> 평행사변형인지 마름모인지 모를
> 서너 평 남짓한 나의 원룸은
> 보증금 500만 원을 걸고
> 월세 40만 원을 주는 곳입니다
> 마음은 100평짜리 펜트하우스에 머물고 싶지만

> 한 번도 거주한 적 없는
>
> 5억짜리 신축 빌라를 믿습니다
>
> 10억짜리 아파트를 믿습니다
>
> 당신의 거처는 여전히 안녕하신지요?
>
> 초대받지 못한 집을 나서는 순간
>
> 쿵쿵거리는 천장을 바라봅니다
>
> 주거용 안방이 2개인지 3개인지
>
> 정확히 기억나지 않습니다
>
> -「모서리」중에서

  이 시는 시인과 방을 동일시하여 시를 전개하는데, 시인의 거처는 안락과 평화가 깃드는 곳이 아니다. 네모난 공간에서 대각선으로 누워야만 머리가 벽에 닿지 않는 실존의 거처이자, '수감 중인 죄수처럼 / 닭장 속에서 죽을 날만 기다리는 / 매일 똑같은 일상이 반복'되는 슬픈 모서리를 가지게 되는 곳이다. 시인은 시집 제목부터 '슬픈 모서리를 가졌다'고 고백하는데, 가졌다는 건 소유를 의미한다. 그러나 시인이 소유한 건 꿈을 키워갈 수 있는 거치가 아니라, 상처를 키우는 거처일 뿐이다.

  살아간다는 건 상처의 현장으로 들어가는 일이자, 상처를 끌어안고 살 수밖에는 모순이다. 때문에 모순으로 가득한 세상에서 가지게 되는 건 모서리인데, 그 모서리에는 눈물이 맺혀있다. 시인은 그것을 슬픈 모서리라 부르고, 우리는 그 모서리에 맺힌 눈물에서 긍휼의 시선을 다시금 확인할 수가 있다. 5억짜리 신축 빌라를 살든, 10억짜리 아파트를 살든, '초대받지 못한 집'에 사는 처지는 같기 때문이다. 열심히 살아도 꿈을 꿀 수가 없고, '성실한 사람이 정당한 대우'를 받을 수 없고, 안락과 평화가 깃든 집이 아니라 '쿵쿵거리는 천장'을 바라보며 살고 있어서이다. '주거용 안방이 2개인지 3개인지' 기억나지 않다고 말하는 까닭은 그 방이 몇 개이든 온전히 '내 집'이라고 할만한 공간이 없어서이다. 시인이 오직 살만한 공간이라고 보는 곳은 선택받은 자들만 사는 곳이다.

> 오직 조물주에게 선택받은 족속만이
> 지상의 모든 권세와 영광을 누렸고
> 나머지는 고통 속에서
> 혹독한 원죄의 대가를 치러야 한다
> 완고하게 건축된 저 성벽을 무너뜨리기 위해
> 이방인들은 바벨탑을 쌓으며
> 다양한 방식으로 공격을 시도했으나
> 분노한 신의 저주로 말미암아
> 모두 수포로 돌아갔다
> 무수한 사람들이 고초를 겪으며
> 소중한 목숨을 잃었지만
> 세상은 변하지 않았다
> 세월이 흐를수록 성은 더욱 견고해져서

영원한 안식처가 되었다
그럴수록 믿음의 자식들은 더욱 신을 경배하며
찬양하는 횟수가 잦았고
성 밖으로 추방된 바깥사람들은
우상을 숭배하기 시작했다

- 「여리고」 중에서

 위의 시는 구약성경 여호수아서에 실린 히브리인과 가나안의 여리고 전투를, 우리의 현실로 데려와 재해석하고 있다. 시인은 성경에서는 성이 무너져 내렸지만, 현대 사회의 여리고 성은 결코 무너지지 않는다고 말한다. '전지전능한 신의 가호'를 받고 있으며, '세월이 흐를수록 성은 더욱 견고'해지고 있어서다. 세습 자본주의, 부의 불평등, 부의 양극화, 빈부 격차를 뛰어넘고자 하지만, '조물주에게 선택받은 족속만이 / 지상의 모든 권세와 영광'을 누리는 게 우리의 현실이다. 그 누구도 돈이라는 신이 만든 성을 무너뜨릴 수 없다. 돈이 없이 태어난 자체가 원죄가 있는 것이고, 사람의 목숨으로도 바꿀 수 없는 것이 돈의 잔인한 논리이기 때문이다. 잘 사는 사람만 계속 잘 사는 세상, 돈이 있는 자만을 지켜주는 세상, 아무리 열심히 살아내도 돈이 없으면 면죄부를 구할 방법이 없는 세상. 시인은 그 고통스러운 세상을 마주 보면서 더 무서운 돈의 잔혹함을 본다. '성 밖으로 추방된 바깥사람들' 즉, 없는 사람들마저 돈을 숭배하기 시작해서다. 있는 사람이 숭배하는 돈과, 없는 사람이 숭배하는 돈은 천국과 지옥의 차이이자, 수성과 금성의 차이다.

  권수진 시인은 유독 공간을 통해 천민자본주의에 대한 반성을 촉구한다. 공간의 크기가 부와 천민을 나누는 기준이기도 하지만, 척박한 공간을 그려냄으로써 자본으로 사육 되어지는 삶에 저항하고 싶어서다. 시인은 날카롭게 현실을 비판하지만, 자본주의 횡포 속에서도 살아남아야 하는 사람의 눈동자를 끝까지 보고 있다. 긍휼한 시선이야말로 저항이자 사랑을 지켜내는 최후의 눈동자인 것이다. 긍휼한 시선은 자신과 타자가 연결되어 있다는 전제에서 시작되고, 자기 실존과 타자 실존이 맞물려 온전한 실존을 꿈꿀 때 가능하다. 그렇다면 시인의 바라는 세계는 어떤 곳이길래, 긍휼한 시선으로 온전한 사랑의 실존을 꿈꾸는 것일까.

    피부색이 검다는 이유만으로 사람들은
    그의 이마에 낙인을 찍었지만
    공동체 생활에 신뢰를 저버리지 않았다

    춘추전국시대처럼 혼란한 요즘 세상에
    나 하나 잘살면 그만이지
    먹물을 가까이할수록 흑심만 품고
    눈앞의 현실이 깜깜하다

>   모든 사람을 차별 없이 사랑하자며
>
>   겸애兼愛를 설파하던
>
>   묵자墨子가 그립다
>
>   - 「근묵자흑近墨者黑」중에서

춘추전국시대 공자와 더불어 가장 큰 영향력을 행사한 인물이 묵적墨翟이다. 나를 이롭게 하듯이 타인을 이롭게 하자는 겸애兼愛사상을 펼쳤으며, 진정한 사랑은 타자가 있어야 함을 설파한 인물이기도 하다. 묵적에게 배운다는 건 타인을 이롭게 하는 일인데, 지금의 학자들은 배울수록 타인 위에 군림하려고 한다. 아니, 군림하기 위해 배운다. 세상 어느 하나 이롭게 하지 못하고, 오직 자신만의 흑심을 채우는 학문이 학문이라고 할 수 있을까. 시인은 묵적을 그리워함으로써 공동체의 감각을 지켜내고 싶고, 타인이 나일 수밖에 없는 온전한 사랑의 실존 세계를 살아내고 싶어 한다. 그런데 시인이 사는 세계는 시인마저 등수를 매기며, 메이저 출신이 아닌 시인을 천대한다. 무명 시인의 시집은 벽돌 취급당하거나, 아이들이 다칠까봐 분리수거장에 폐기되어야 하는 운명에 놓여 있다.(「적서積書 혹은 적서嫡庶」)자본주의 경제체제에서 영혼부터 이끄는 나침반이 되어야 할 시인이, 가장 자본주의의 비겁한 방법으로 시인을 죽이고 있는 것과 다름 없는 것이다.『2등은 기억되지 않는다』,『검토되지 않는 삶은 살 가치가 없다』이 두 작품 역시 문학가가 가진 모순성을 지적하고 있는데. 언제

부터 문학이 경쟁이었고, 사람 위에 군림하려는 장르였단 말인가. 권수진 시인은 순수한 문학에서조차 모서리를 가져야 하는 삶을 응시하면서, 반성을 촉구하는 긍휼한 시선을 끝까지 남긴다.

> 내 온몸 구석구석 남아 있는 땟자국을
> 씻고 또 씻는 수행의 길
>
> 다른 사람을 위해서
> 내가 점점 작아지는 일이다
>
> 세상 어느 곳이든 향기가 오래 머물도록
> 날마다 자신을 뒤돌아보는 일이다
> 　　　　　　　　　　-「비누의 자세」 중에서

　권수진 시인은 이번 시집을 통해 모서리처럼 날 선 반성을 촉구하면서도, 모서리가 닳도록 '씻고 또 씻는 수행의 길'을 저버리지 않는다. 영혼을 가진 존재로서의 사람을 믿기 때문이고, 모서리가 닳아 비로소 맡을 수 있는 사람의 향기를 믿기 때문이다. 스스로 작아져야만 찌든 때를 벗기고, 향기를 내어주는 비누처럼 시인은, 언어의 규모를 줄이는 대신 긍휼한 시선을 남긴다. '날마다 자신을 뒤돌아'보며 타자를 사랑하는 법을 배우는 것이다. 타자의 불행이 나와 무관한 것이 아니라, 타자의 불행을 통해 슬픔의 실존을 체감하는 것이다. 시는 독백의 형식을 취하는 것 같지만 사실은 대신 싸워주고 대신 울어주고 대신 살아주는 일이다. 닫혀있는 바깥이자, 안쪽으로 열려있는 바깥이라 할 수 있다. 권수진 시인은 매일 '희망의 끈을 놓지 않고 살아가는 사람들'처럼(「고드름」) 긍휼의 시를 가진 시인이다. 타자를 위해 흘리는 눈물 한 방울이야말로 세상을 바꾸는 마중물이자, 생의 더러운 폐부를 찌르는 힘임을 알거나 앓고 있는 자이다.

공동체의 감각은 죽고 오직 자본의 논리만이 팽배한 세상이라고 한다. 과정보다는 결과, 결과보다는 돈의 흐름이 중요하다고 한다. 돈은 수치가 명확한 세계여서, 개인의 이유와 사유를 믿지 않는다. 돈은 수치화된 믿음이자 신앙이어서 삶의 전부라고 생각한다. 그래서일까. 언제나 삶에 쫓기는 우리는 이 무자비한 전부 앞에서 진부한 선택을 하기 마련이다. 사는 대로 제 영혼을 삶에 맡겨 버린다. 삶의 가치보다 돈이 있고 없음을 따지고, 삶의 자격을 돈으로만 묻게 된다.

권수진 시인은 시는 슬픈 모서리를 가진, 긍휼의 시다. 어떻게든 나와 다르지 않은 타자를 돕고자 하는 긍휼의 시선을 놓지 않는다. 긍휼이야말로 시인의 눈동자에 깃드는 양심이며 빛으로 둘러싸인 어둠을 보는 일이다. 나는 이 시집을 읽는 내내 슬픔으로 깃드는 모서리 같은 상처의 실존과, 모서리를 안고 살아가면서도 언약적 사랑만이 사람으로 가는 길임을 알았다. 아니, 앓았다. 권수진을 시인을 한 번도 만나지 못했지만, 시집 귀퉁이를 접고 접으며 생긴 모서리가 상처투성이의 세상에 나침반이 되고, 상처투성이인 사람이 마침내 사람이 갈 길이란 걸 알았다. 세상에 사람으로 와 사랑으로 가는 일처럼 아름다운 일이 없다는 듯 두 평 남짓한 옥탑방에서 앓았다.

권수진 시집

슬픈 기억은 모서리를 가졌다

발행일   2025년 10월 15일
지은이   권수진
펴낸이   김리아
발행처   불휘미디어
　　　　경상남도 창원시 마산합포구 오동동10길 87
　　　　(055) 244-2067
　　　　2442067@hanmail.net

가격 12,000원
ISBN 979-11-92576-75-6 03810

*이 책은 경상남도, 경남문화예술진흥원의 문화예술 지원을 보조받아 발간되었습니다.